ars vivendi

Tina & Horst
Herzig

Stadt der Stille

ars vivendi

Der Tod

wirft auf das Leben einen flüchtigen, leisen, aber eisigen und unausweichlichen Schatten.

Sully Prudhomme

Diesseitig bin ich gar nicht fassbar,
denn ich wohne grad so gut bei den
Toten wie bei den Ungeborenen.
Etwas näher der Schöpfung als üblich
und lange nicht nahe genug.

Paul Klee *(selbstverfasste Grabinschrift)*

21ST OCTR
ALSO

DAUGHTER.

O Herr, gib jedem seinen eignen Tod.
Das Sterben, das aus jenem Leben geht,
darin er Liebe hatte, Sinn und Not.

Denn wir sind nur die Schale und das Blatt.
Der große Tod, den jeder in sich hat,
das ist die Frucht, um die sich alles dreht.

Um ihretwillen heben Mädchen an
und kommen wie ein Baum aus einer Laute,
und Knaben sehnen sich um sie zum Mann;
und Frauen sind den Wachsenden Vertraute
für Ängste, die sonst niemand nehmen kann.
Um ihretwillen bleibt das Angeschaute
wie Ewiges, auch wenn es lang verrann, –
und jeder, welcher bildete und baute,
ward Welt um diese Frucht, und fror und taute
und windete ihr zu und schien sie an.
In sie ist eingegangen alle Wärme
der Herzen und der Hirne weißes Glühn –:
Doch deine Engel ziehn wie Vogelschwärme,
und sie erfanden alle Früchte grün.

Rainer Maria Rilke

Ja, der Tod. Der Tod muss so schön sein. In der weichen braunen Erde liegen, während über unserm Kopf das Gras wogt, und der Stille lauschen. Kein Gestern haben und kein Morgen. Die Zeit vergessen, dem Leben verzeihen, in Frieden sein.

Oscar Wilde, *Das Gespenst von Canterville*

… so kann der Tod, der sogenannte,
doch nur die Form zerstör'n,
in leeren Raum hinaus jedoch die Seele fliegt, unsterblich,
ihr Glück zu suchen an einem andern Ort.

Ovid

Falls der Tod aber gleichsam ein Auswandern ist von hier an einen anderen Ort, und wenn es wahr ist, was man sagt, dass alle, die gestorben sind, sich dort befinden, welch ein größeres Glück gäbe es wohl als dieses?

Sokrates

Ich bin müde, weiterzugehen; hier will ich ganz ersterben oder doch wenigstens über Nacht bleiben. Hier nimm meinen Stoff wieder, Natur, knete ihn in die Masse der Wesen wieder ein, mache einen Busch, eine Wolke, alles, was du willst, aus mir, auch einen Menschen, aber mich nicht mehr.

Georg Christoph Lichtenberg

Lied

Bin ich einst tot, mein Liebster,
sing keine Trauermessen;
pflanz mir zu Häupten Rosen nicht
noch schattige Zypressen:
Lass grünes Gras mich decken,
das Tau und Regen nässt;
und wenn ihr wollt, gedenket,
und wenn ihr wollt, vergesst.

Ich sehe nicht die Schatten,
spür nicht des Regens Fall;
hör nicht den schwermutsatten
Gesang der Nachtigall;
und träumend lang im Dämmer,
der nimmer steigt noch fällt,
wer weiß, ob ich gedenke,
ob ich vergess der Welt.

Christina Rossetti

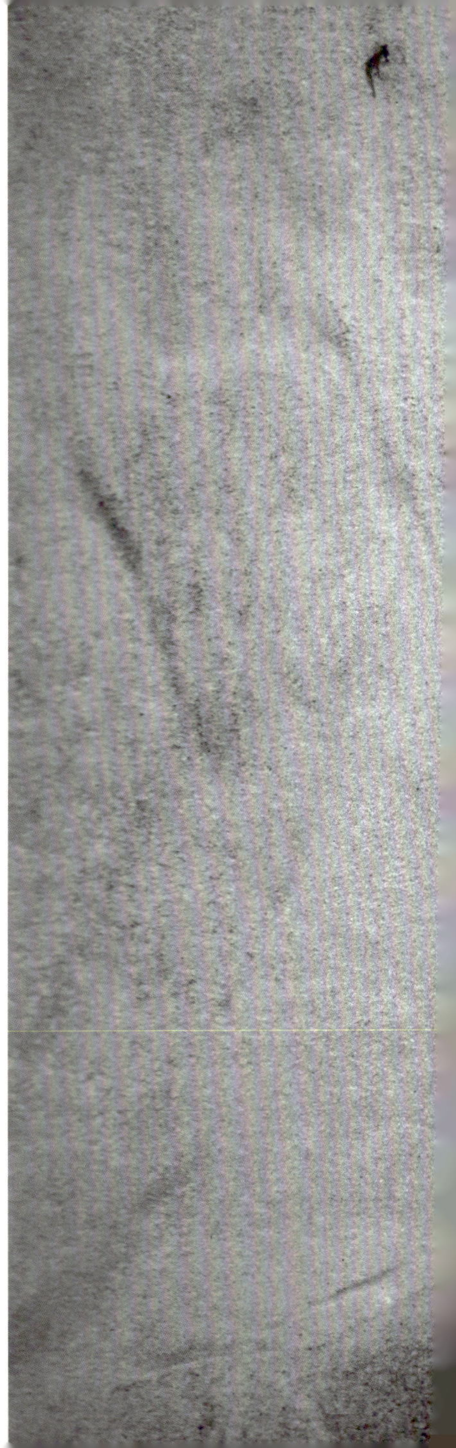

Der Tod berührt uns tiefer
unter der gleißenden Herrschaft des Sommers.

Charles Baudelaire

Am Grab der meisten Menschen trauert,
tief verschleiert, ihr eigenes Leben.

Georg Jelinek

Wenn, was uns den Tod so schrecklich erscheinen lässt, der Gedanke des Nichtseins wäre, so müssten wir mit gleichem Schauder der Zeit gedenken, da wir noch nicht waren. Denn es ist unumstößlich gewiss, dass das Nichtsein nach dem Tode nicht verschieden sein kann von dem vor der Geburt, folglich auch nicht beklagenswerter. Eine ganze Unendlichkeit ist abgelaufen, als wir noch nicht waren; aber das betrübt uns keineswegs. Hingegen, dass nach dem momentanen Intermezzo eines ephemeren Daseins eine zweite Unendlichkeit folgen sollte, in der wir nicht mehr sein werden, finden wir hart, ja unerträglich. Sollte nun dieser Durst nach Dasein etwa dadurch entstanden sein, dass wir es jetzt gekostet und so gar allerliebst gefunden haben?

Arthur Schopenhauer

Leben ist der Anfang des Todes.
Das Leben ist um des Todes willen.
Der Tod ist Endigung und Anfang zugleich.

Novalis

Der Tod und das Mädchen

Das Mädchen:
Vorüber! Ach, vorüber!
Geh, wilder Knochenmann!
Ich bin noch jung, geh Lieber!
Und rühre mich nicht an.

Der Tod:
Gib deine Hand, du schön und zart Gebild!
Bin Freund und komme nicht, zu strafen.
Sei gutes Muts! ich bin nicht wild,
Sollst sanft in meinen Armen schlafen!

Matthias Claudius

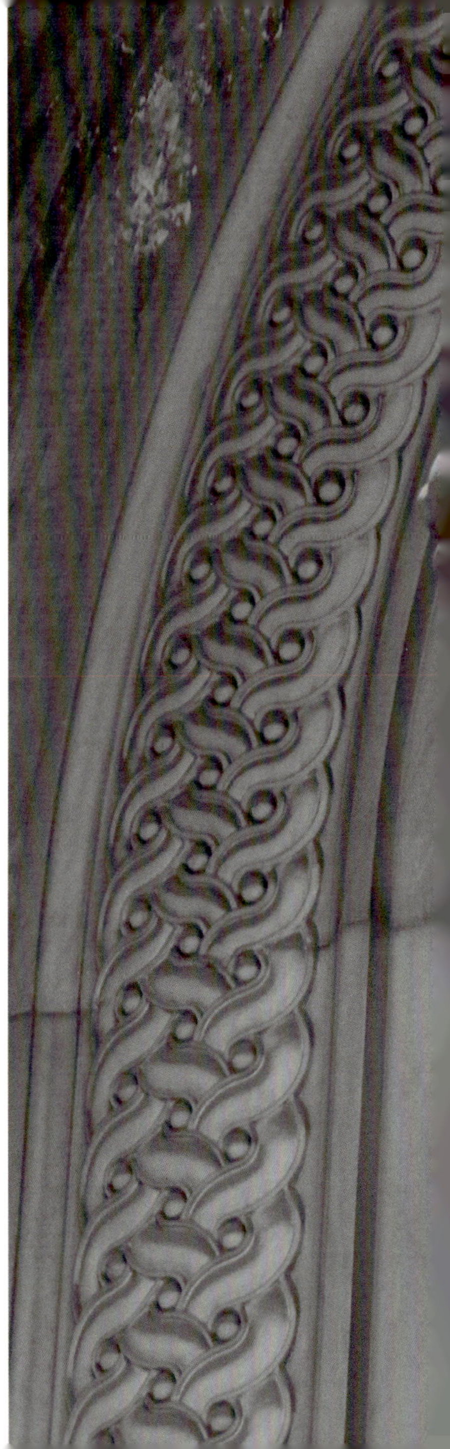

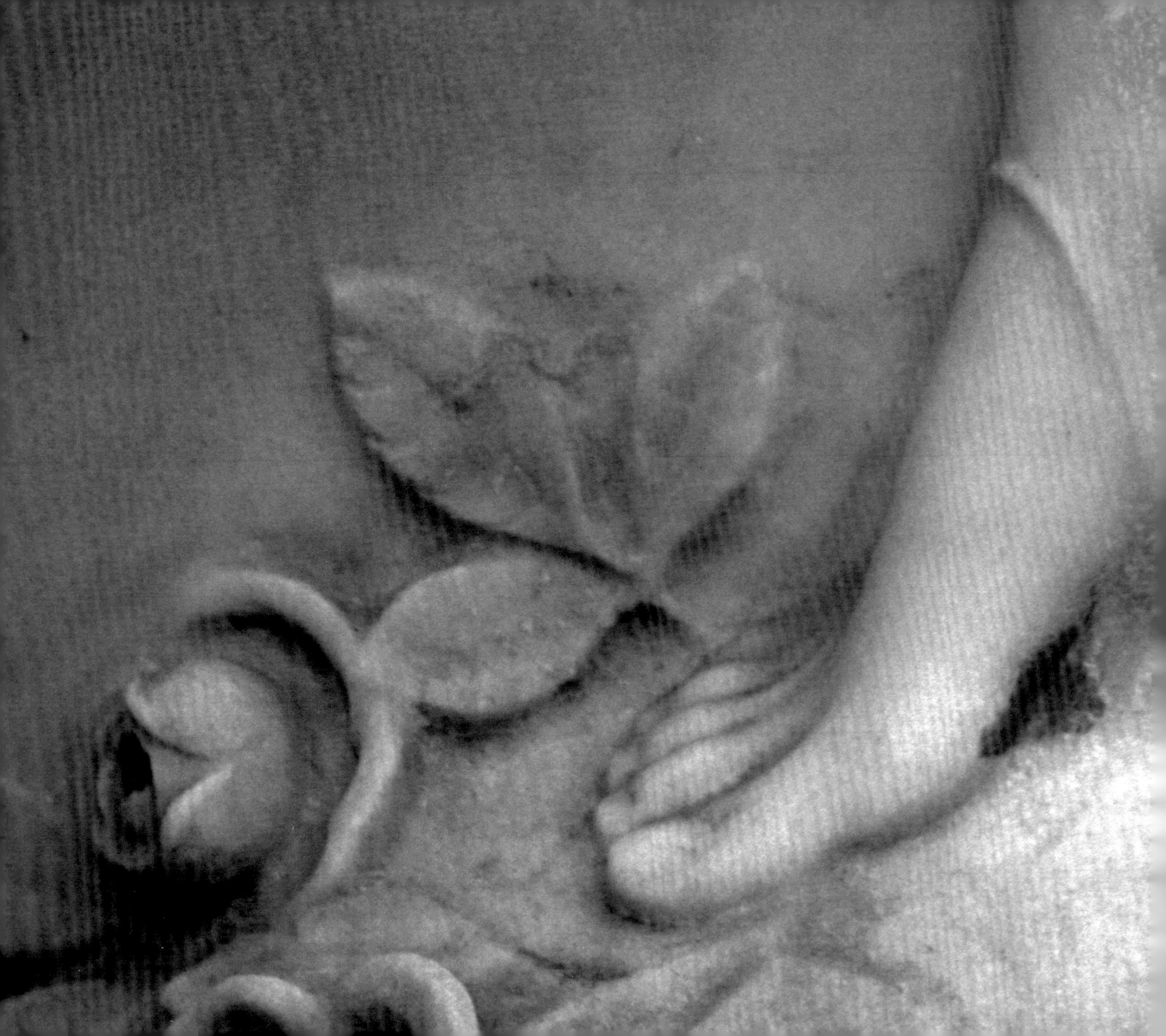

Der Sterbende
nimmt die Welt mit. *Wohin?*

Elias Canetti

Du bist der Tod, der tröstet und belebt,
Du bist das Ende und der Hoffnungsstrahl,
Der Zaubertrank, der uns berauscht und hebt
Bei unsrem nächtgen Gang durchs dunkle Tal.

Du bist der Glanz, der schimmernd vor uns schwebt,
Durch Sturm und Wetterwolken dumpf und fahl,
Du bist das Obdach, ach so heiß erstrebt,
Du bist uns Schlaf und Ruh und stärkend Mahl.

Du kommst, ein Engel aus geweihten Stätten,
Uns Nackte und Verstoßne weich zu betten,
Traum und Entzückung strömt aus deiner Hand.

Des Armen Gut, sein seliges Erretten,
Uralte Heimat du, Erlösung aus den Ketten,
Die offne Tür zum unbekannten Land.

Charles Baudelaire

Sterben, schlafen,
Schlafen, womöglich träumen …

William Shakespeare, *Hamlet*
in der Übersetzung von Frank Günther

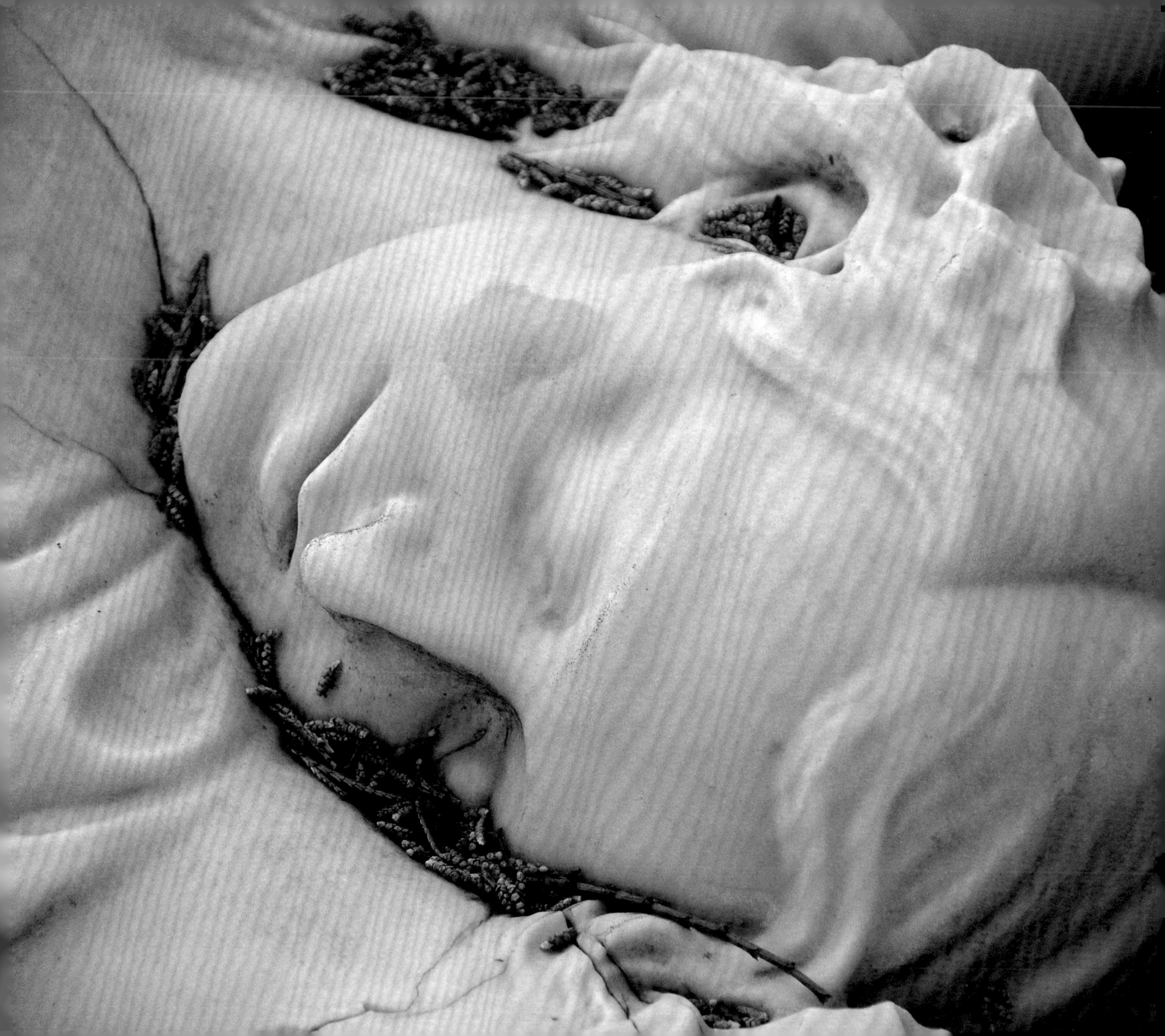

Souvenir de la Malmaison

Die menschenblasse Rose legte ich
Auf deine kalten, überkreuzten Hände
Und strich dein Haar zurück und pflegte dich,
Ob ich dein jubelnd Leben wiederfände.
Im Zimmer, irrgeflogen, regte sich
Ein Schmetterling, die alte Grablegende.
Dein Sarg schloß zu, der Kummer fegte mich
In fernes Land aus trostlosem Gelände.

Detlev von Liliencron

Das, wodurch alle Wesen verschieden sind,
ist das Leben; das,
worin sie alle gleich sind,
ist der Tod.

Yang Chu

who died

June 9th 1783

Aged 7 years

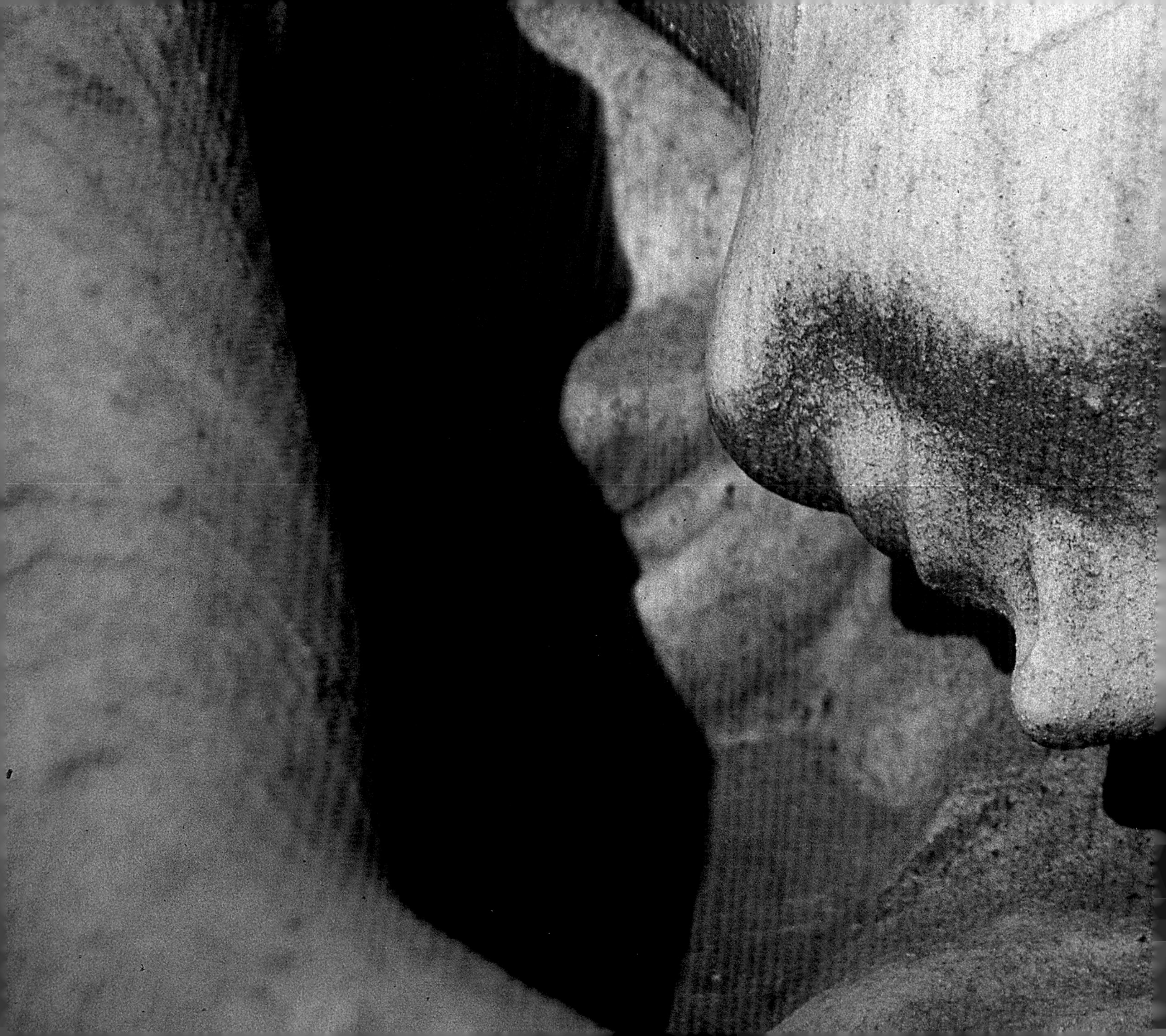

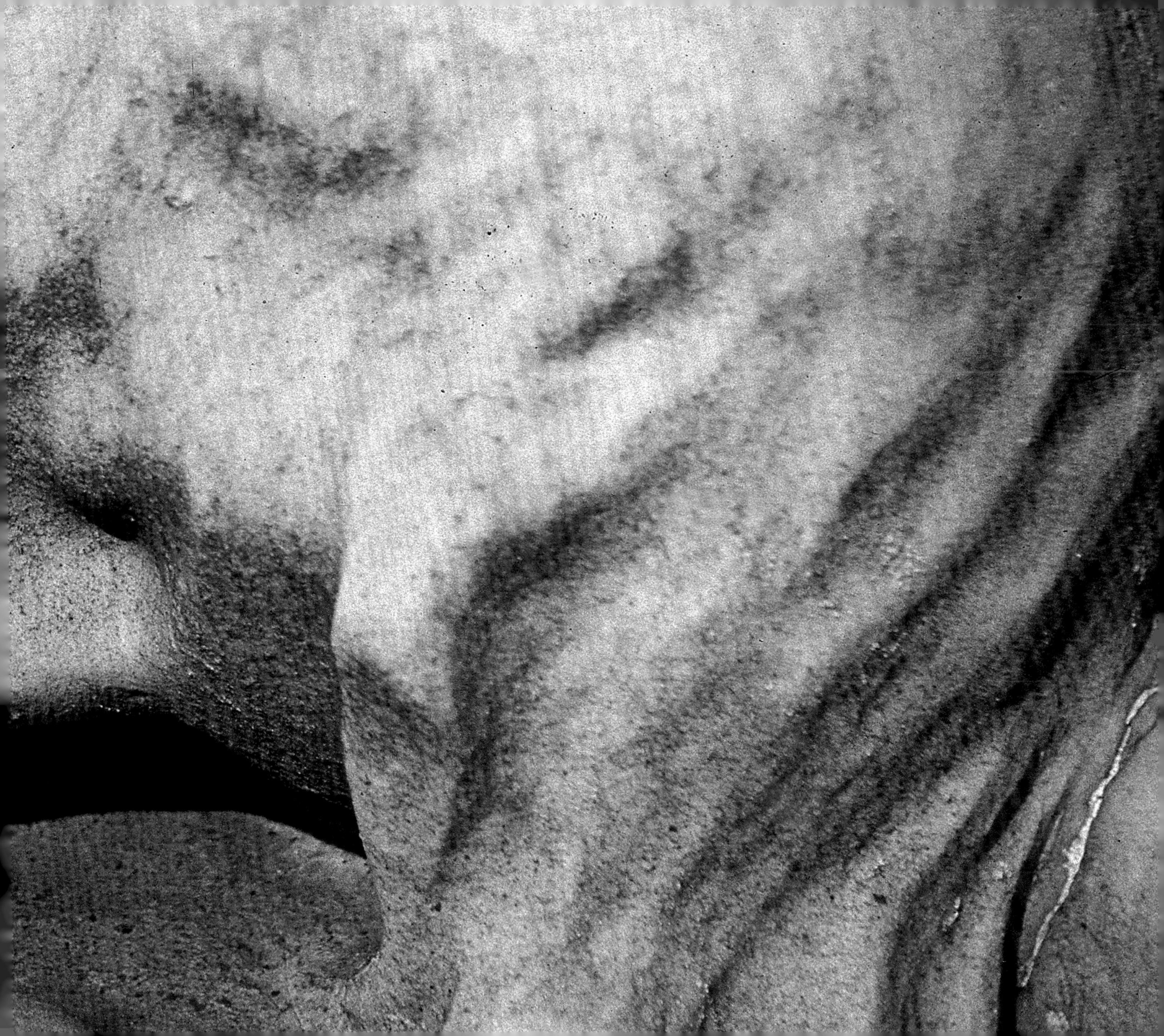

DEPOSTO
ALLA MOGLIE
OTTOBRE 1874

Durch die sichere Aussicht
auf den Tod könnte jedem Leben ein köstlicher, wohlriechender Tropfen von Leichtsinn beigemischt sein – und nun habt ihr wunderlichen Apotheker-Seelen aus ihm einen übelschmeckenden Gift-Tropfen gemacht, durch den das ganze Leben widerlich wird!

Friedrich Nietzsche

Unser Tod ist die Form,
in der unser Leben verfließt,
und er ist es, der unser Antlitz
gebildet hat.

Maurice Maeterlinck

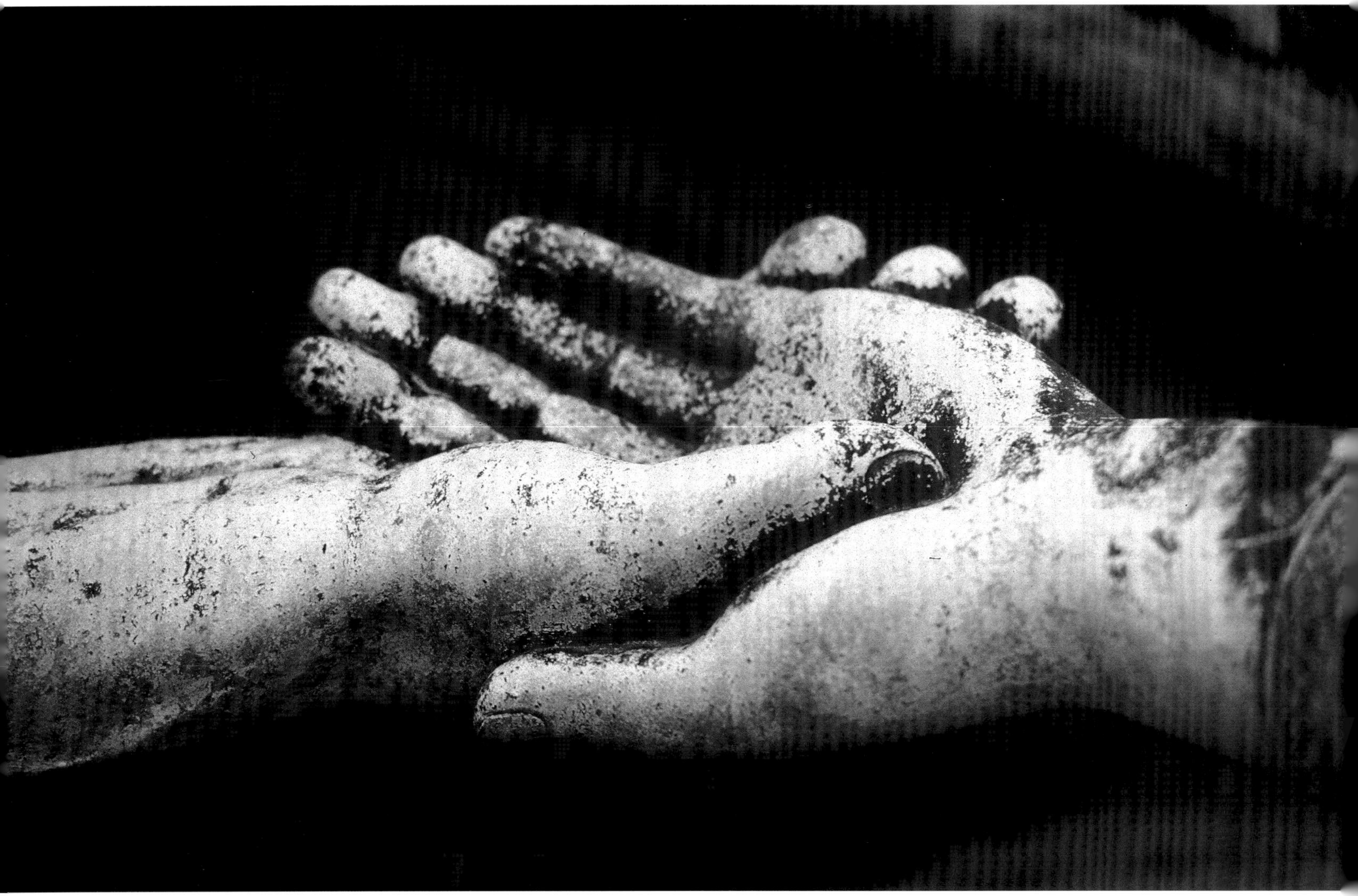

Freuden wollt' ich dir bereiten,
Zwischen Kämpfen, Lust und Schmerz
Wollt ich treulich dich geleiten
Durch das Leben himmelwärts.

Doch du hast's allein gefunden
Wo kein Vater führen kann,
Durch die ernste, dunkle Stunde
Gingst du schuldlos mir voran.

Wie das Säuseln leiser Schwingen
Draußen über Tal und Kluft
Ging zur selben Stund ein Singen
Ferne durch die stille Luft.

Und so fröhlich glänzt' der Morgen,
's war als ob das Singen sprach:
Jetzo lasset alle Sorgen,
Liebt ihr mich, so folgt mir nach!

Joseph von Eichendorff, *Auf meines Kindes Tod*

Wir fürchten nicht den Tod,
sondern den
Gedanken
an den Tod.

Seneca

Nänie

Auch das Schöne muss sterben!
Das Menschen und Götter bezwinget,
Nicht die eherne Brust rührt es des stygischen Zeus.
Einmal nur erweichte die Liebe den Schattenbeherrscher,
Und an der Schwelle noch, streng, rief er zurück sein Geschenk.
Nicht stillt Aphrodite dem schönen Knaben die Wunde,
Die in den zierlichen Leib grausam der Eber geritzt.
Nicht errettet den göttlichen Held die unsterbliche Mutter,
Wann er, am skäischen Tor fallend, sein Schicksal erfüllt.
Aber sie steigt aus dem Meer mit allen Töchtern des Nereus,
Und die Klage hebt an um den verherrlichten Sohn.
Siehe! Da weinen die Götter, es weinen die Göttinnen alle,
Dass das Schöne vergeht, dass das Vollkommene stirbt.
Auch ein Klaglied zu sein im Mund der Geliebten, ist herrlich,
Denn das Gemeine geht klanglos zum Orkus hinab.

Friedrich Schiller

Habe täglich den Tod vor Augen; das wird dich vor kleinlichen Gedanken und vor maßlosen Begierden bewahren.

Epiktet

Es hat mir immer schon,
als Kind, seltsam geschienen, dass die Menschen vom Tode anders sprechen, als von allen anderen Begebenheiten, und das nur deshalb, weil jeder von dem, was ihm nachher geschieht, nichts mehr verrät. Wodurch aber unterscheidet sich denn ein Toter von einem Menschen, welcher ernst wird, auf die Zeit verzichtet und sich einschließt, um über etwas ruhig nachzudenken, dessen Lösung ihn lange schon quält? Unter den Leuten kann man sich doch nicht einmal des Vaterunsers erinnern, wie denn erst irgend eines anderen dunkleren Zusammenhanges, der vielleicht nicht in Worten, sondern in Ereignissen besteht. Man muss abseits gehen in irgend eine unzugängliche Stille, und vielleicht sind die Toten solche, die sich zurückgezogen haben, um über das Leben nachzudenken.

Rainer Maria Rilke, *Geschichten vom lieben Gott*

Wir bedauern die Toten, als fühlten sie den Tod, und die Toten haben doch Frieden. Aber das, das ist der Schmerz, dem keiner gleichkömmt, das ist unaufhörliches Gefühl der gänzlichen Zernichtung, wenn unser Leben seine Bedeutung so verliert, wenn so das Herz sich sagt, du musst hinunter und nichts bleibt übrig von dir.

Friedrich Hölderlin

Der Tod der Liebenden

Wir werden Betten haben voll leichter Düfte, Diwane grabestief; auf Staffeln werden seltsame Blumen um uns stehn, die unter schöneren Himmeln für uns erblühten.
Mit letzten Gluten wetteifernd, werden unsere beiden Herzen zwei mächtige Fackeln sein, deren Doppel-Licht in unsern beiden Geistern, diesen Zwillingsspiegeln, widerscheint.
Eines Abends, rosenfarben und von mystischer Bläue, werden wir in einem einzigen Wechselstrahl verlodern, der wie ein langes Schluchzen ist, von Scheidegrüßen schwer;
Und später kommt ein Engel, der die Pforten auftut: Treu und freudig wird er die trüben Spiegel und die erloschenen Flammen zu neuem Glanz entfachen.

Charles Baudelaire

Alle Kunst entsteht aus Angst vor dem Tod.

Hermann Hesse

Ich konnte nicht lieben,
außer wo Todeshauch sich mit dem Hauch der Schönheit mischte –
– oder Hymen, Zeit und Schicksal zwischen ihr und mir dahinschritten.

Edgar Allan Poe

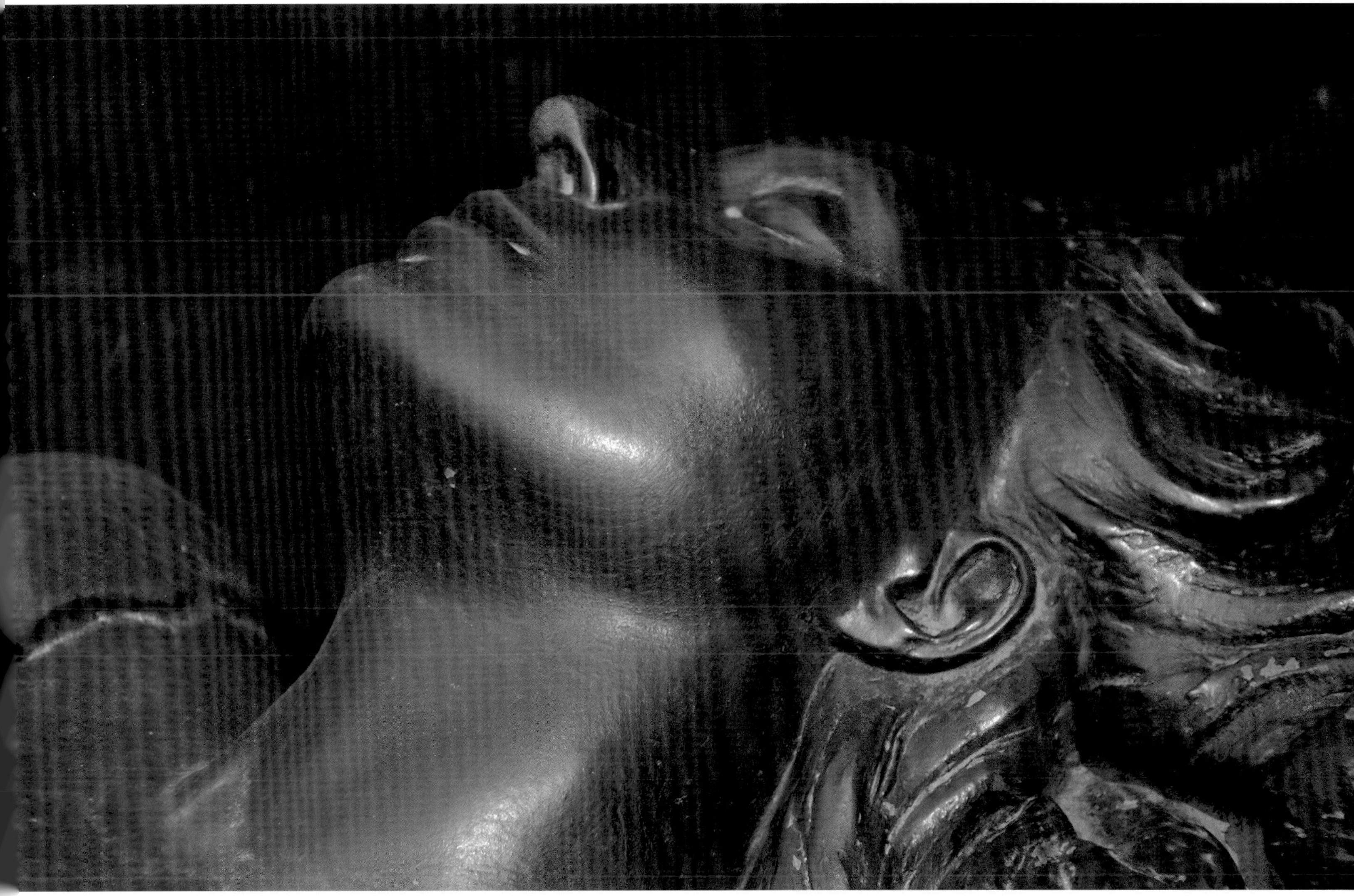

Untergang

Unter den dunklen Bogen unserer Schwermut
Spielen am Abend die Schatten verstorbener Engel.
Über den weißen Weiher
Sind die wilden Vögel fortgezogen.
Träumend unter Silberweiden
Kosen unsere Wangen vergilbte Sterne,
Beugt sich die Stirne vergangener Nächte herein.
Immer starrt uns das Antlitz unserer weißen Gräber an.
Leise verfallen die Lüfte am einsamen Hügel,
Die kahlen Mauern des herbstlichen Hains.
Unter Dornenbogen
O mein Bruder steigen wir blinde Zeiger gen Mitternacht.

Georg Trakl

Wäre der Tod nicht,

es würde keiner das Leben schätzen. Man hätte vielleicht nicht einmal einen Namen dafür.

Jakob Bosshart

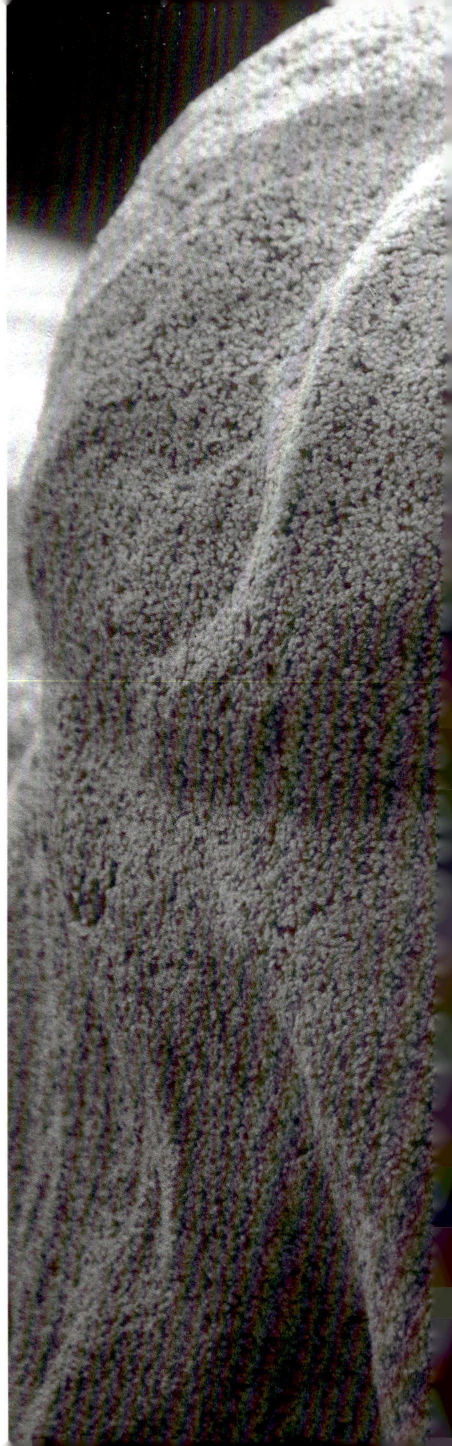

Senna Hoy

Seit du begraben liegst auf dem Hügel
Ist die Erde süß.

Wo ich hingehe nun auf Zehen,
Wandele ich über reine Wege.

O deines Blutes Rosen
Durchtränken sanft den Tod.

Ich habe keine Furcht mehr
Vor dem Sterben.

Auf deinem Hügel blühe ich schon
Mit den Blumen der Schlingpflanzen.

Deine Lippen haben mich immer gerufen,
Nun weiß mein Name nicht mehr zurück.

Jede Schaufel Erde, die dich barg,
Verschüttete auch mich.

Darum ist immer Nacht an mir
Und Sterne schon in der Dämmerung.

Und ich bin unbegreiflich unseren Freunden
Und ganz fremd geworden.

Aber du stehst am Tor der stillsten Stadt
Und wartest auf mich, du Großengel.

Else Lasker-Schüler

... und meine Trauer, dass du gehst, ist groß.
Aber vergiss, dass die Zeit Zeit ist:
Denn nach der Zeit sehen wir uns wieder.

Anches-en-Amun

ORMAN
JAN. 1846

MERCHAN
AGED 2
GEST SON.

Leben ist nur
der Traum eines Traumes,
aber wach sein
ist anderswo.

Rainer Maria Rilke

Das, was dem Leben Sinn verleiht, gibt auch dem Tod Sinn.

Antoine de Saint-Exupéry

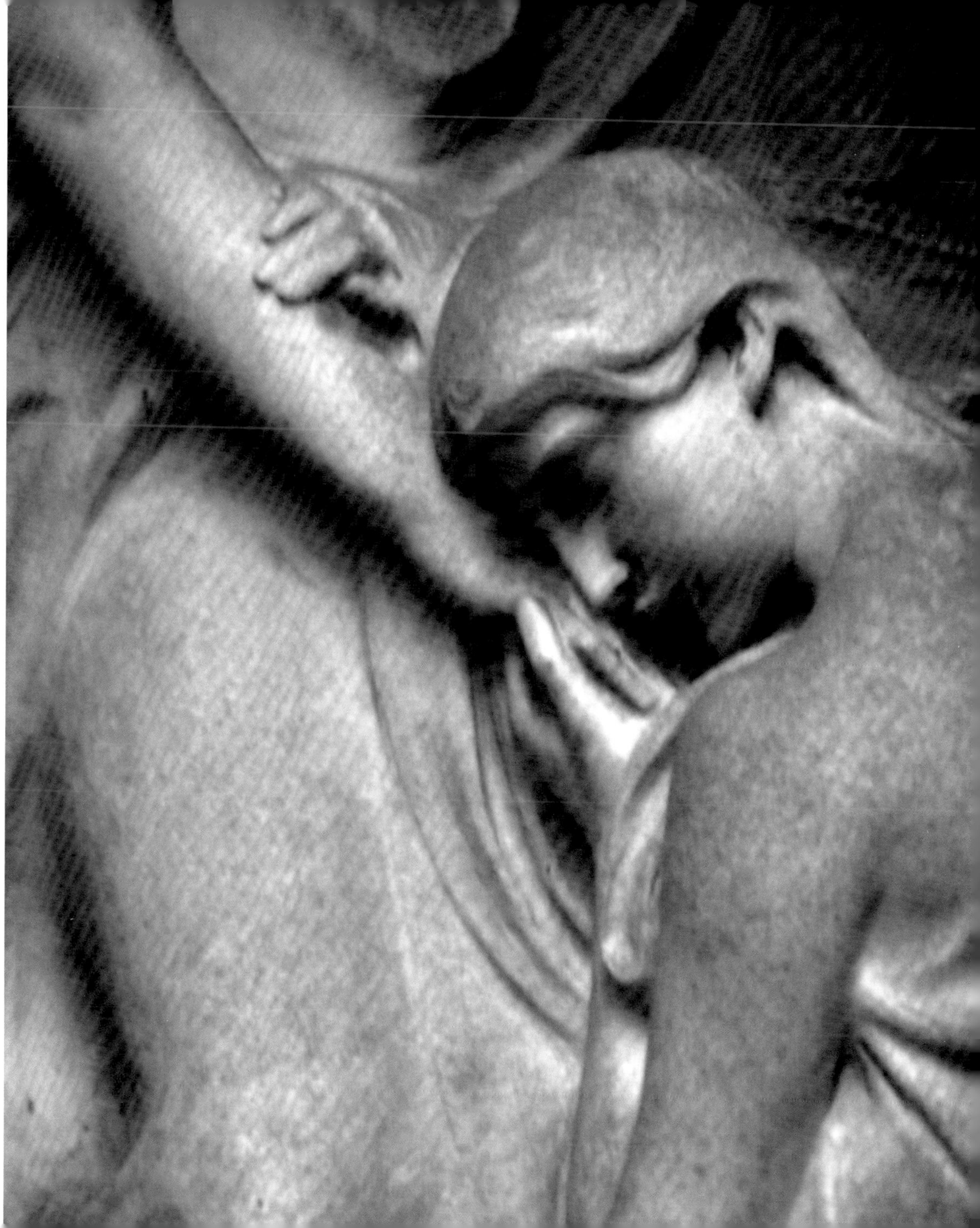

Wir leben und sterben
jeden Augenblick ...
Erst aus dem Nichtsein, das wir ahnen,
begreifen wir für Augenblicke, dass wir leben.

Max Frisch

EMENTO MOR

Aus einer Welt voll Angst und Not,
Voll Ungerechtigkeit und Blut und Tod
Flüchtete die fromme reine Seele
Sich ins bessre Land zu Gott;
Und der Leib in diese dunkle Höhle,
Auszuruhen bis zum Wiedersehn.
O der Christ ist immer groß und schön,
Doch im Tod in seiner größten Schöne.
Wandrer, bleib am Grabe stehn,
Lerne hier, was eitel ist, verschmähn;
Weine eine stille Träne!
Und denn kannst du weitergehn.

Matthias Claudius

Wandrers Nachtlied

Über allen Gipfeln
Ist Ruh,
In allen Wipfeln
Spürest du
Kaum einen Hauch;
Die Vögelein schweigen im Walde.
Warte nur, balde
Ruhest du auch.

Johann Wolfgang von Goethe

Frage

Einst wird die Weltposaune dröhnen
Und mächtig aus des Engels Mund,
Ein lauter Donner, wird es tönen:
Du Erde, öffne deinen Schlund!
Sie schüttelt träumend ihre Glieder,
Und alle Gräber tun sich auf
Und geben ihre Toten wieder,
Die kommen staunend Hauf zu Hauf.
Dann, wenn, den großen Spruch zu sprechen,
Der Ew'ge sich vom Stuhl erhebt
Und stockend alle Herzen brechen
Und Todesangst die Welt durchbebt
Und laut erkracht des Himmels Krone –
Dann ringsum Schweigen fürchterlich –,
Dann will ich stehn vor seinem Throne
Und fragen: Warum schufst du mich?

Friedrich Theodor Vischer

Wer weiß denn,
ob das Leben nicht das Totsein ist
und das Totsein Leben?

Euripides

Es war ein schöner Tag und K. wollte spazierengehen. Kaum aber hatte er zwei Schritte gemacht, war er schon auf dem Friedhof. Es waren dort sehr künstliche, unpraktisch gewundene Wege, aber er glitt über einen solchen Weg wie auf einem reißenden Wasser in unerschütterlich schwebender Haltung. Schon von der Ferne fasste er einen frisch aufgeworfenen Grabhügel ins Auge, bei dem er haltmachen wollte. Dieser Grabhügel übte fast eine Verlockung auf ihn aus und er glaubte, gar nicht eilig genug hinkommen zu können. Manchmal aber sah er den Grabhügel kaum, er wurde ihm verdeckt durch Fahnen, deren Tücher sich wanden und mit großer Kraft aneinanderschlugen; man sah die Fahnenträger nicht, aber es war, als herrsche dort viel Jubel.

Franz Kafka, *Ein Traum*

Der Tod ist groß.
Wir sind die Seinen
lachenden Munds.

Wenn wir uns mitten im
Leben meinen,
wagt er zu weinen
mitten in uns.

Rainer Maria Rilke

Tod und Schönheit

sind zwei hohe Dinge, die gleich viel Schatten und Licht enthalten, so dass man sie für zwei Schwestern halten könnte, gleich schrecklich und furchtbar, erfüllt von demselben Rätsel und demselben Geheimnis.

Victor Hugo

Wie lieblich sind deine Wohnungen, Herr Zebaoth!
Meine Seele verlanget und sehnet sich nach den Vorhöfen des Herrn; mein Leib und Seele freuen sich in dem lebendigen Gott.
Denn der Vogel hat ein Haus funden und die Schwalbe ihr Nest, da sie Junge hecken, nämlich deine Altäre, Herr Zebaoth, mein König und mein Gott!

Psalm 84

Das aber kann ich nicht ertragen,
Dass so wie sonst die Sonne lacht;
Dass wie in deinen Lebenstagen
Die Uhren gehn, die Glocken schlagen,
Einförmig wechseln Tag und Nacht;

Dass, wenn des Tages Lichter schwanden,
Wie sonst der Abend uns vereint;
Und dass, wo sonst dein Stuhl gestanden,
Schon andre ihre Plätze fanden,
Und nichts dich zu vermissen scheint;

Indessen von den Gitterstäben
Die Mondesstreifen schmal und karg
In deine Gruft hinunterweben
Und mit gespenstig trübem Leben
Hinwandeln über deinen Sarg.

Theodor Storm

Muss immer der Morgen wiederkommen? Endet nie des Irdischen Gewalt? Unselige Geschäftigkeit verzehrt den himmlischen Anflug der Nacht. Wird nie der Liebe geheimes Opfer ewig brennen? Zugemessen ward dem Lichte seine Zeit; aber zeitlos und raumlos ist der Nacht Herrschaft. – Ewig ist die Dauer des Schlafs. Heiliger Schlaf – beglücke zu selten nicht der Nacht Geweihte in diesem irdischen Tagewerk. Nur die Toren verkennen dich und wissen von keinem Schlafe, als dem Schatten, den du in jener Dämmerung der wahrhaften Nacht mitleidig auf uns wirfst. Sie fühlen dich nicht in der goldnen Flut der Trauben – in des Mandelbaums Wunderöl und dem braunen Safte des Mohns. Sie wissen nicht, dass du es bist, der des zarten Mädchens Busen umschwebt und zum Himmel den Schoß macht – ahnden nicht, dass aus alten Geschichten du himmelöffnend entgegentrittst und den Schlüssel trägst zu den Wohnungen der Seligen, unendlicher Geheimnisse schweigender Bote.

Novalis, *Hymnen an die Nacht*

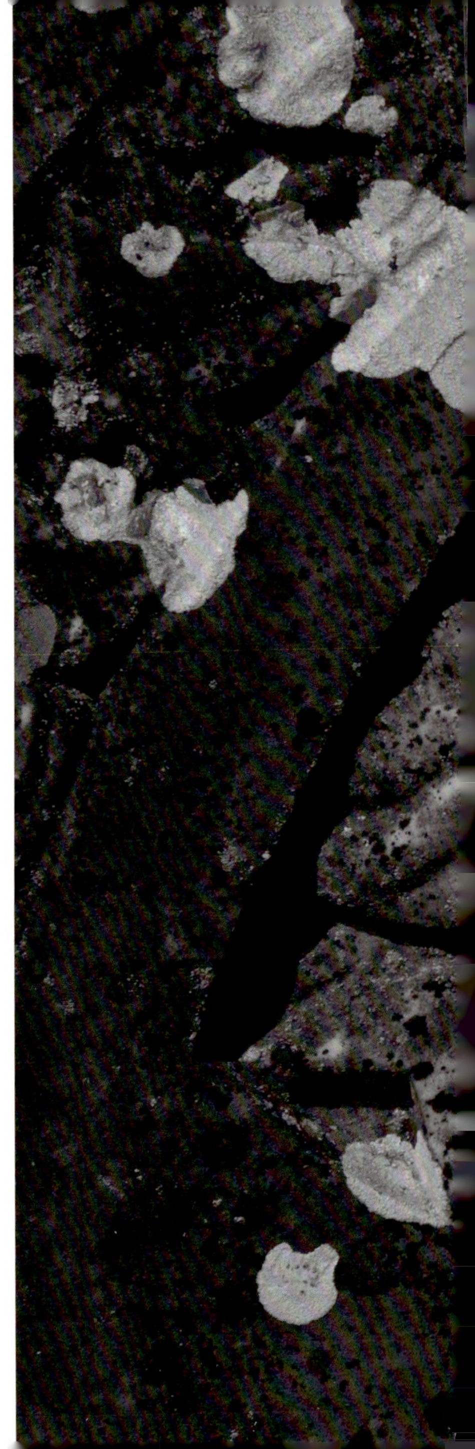

Im Lichte und in der
Leichtigkeit
sehen wir uns wieder.

Thomas Mann

Memory

Mag jener Tag, wann er will, der auf nichts außer meinen Körper
Anrecht hat, mir die Zeit des unbeständigen Lebens beenden:
Mit meinem besseren Teil werde ich über die hohen
Sterne hinaus emporgetragen, und unser Name wird unzerstörbar sein.

Ovid

Seit ich mein Grab sah,
will ich nichts, als leben,
Und frage nichts mehr,
ob es rühmlich sei!

Heinrich von Kleist, *Prinz Friedrich von Homburg*

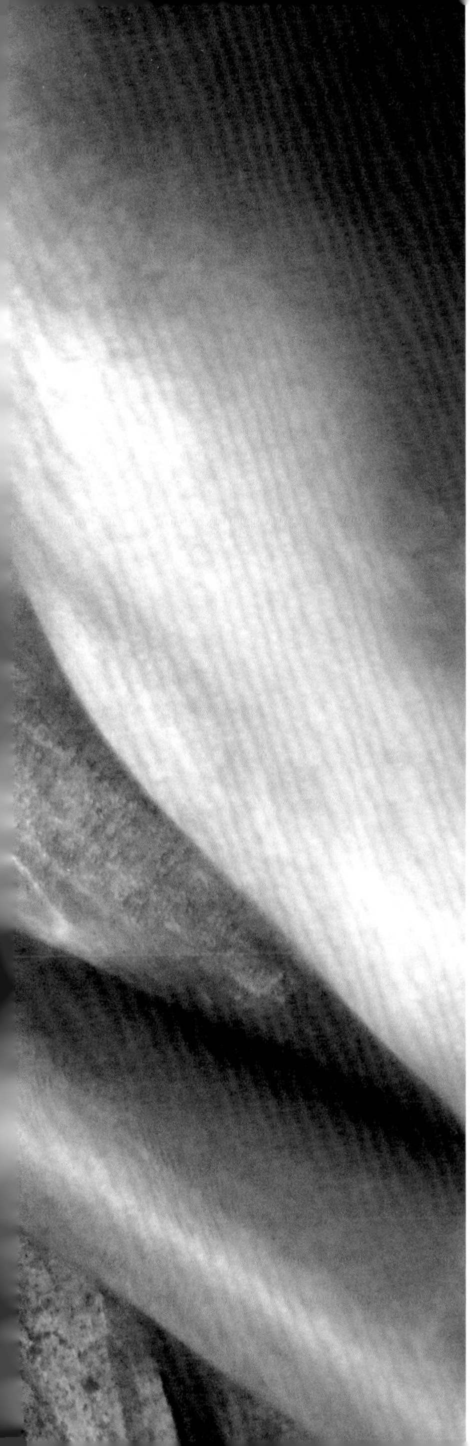

Wir sind vom Stoff,
aus dem die Träume sind;
und unser kleines Leben
beginnt und schließt ein Schlaf.

William Shakespeare, *Der Sturm*
in der Übersetzung von Frank Günther

Originalausgabe
Erste Auflage 2008

www.arsvivendi.com

Grafische Gestaltung: Silke Klemt, www.silkeklemt.de
Umschlaggestaltung: Silke Klemt
Druck: Fuldaer Verlagsanstalt, Fulda
Printed in Germany
ISBN 978-3-89716-918-0

ASTIGLIONI